AF619199

Queerfeministisk samhällsteori

Lucas Hertzman

2013

QUEERFEMINISTISK SAMHÄLLSTEORI

ISBN 978-91-637-2902-7
TRYCK Lulu.com, USA 2013
FOTOGRAFI Helin Bäckman Kartal
OMSLAGSMODELL Moa Silver
HANDLEDARE Anna Segersten Blomgren
LAYOUT Lucas Hertzman

Tillgänglig som e-bok på iBookstore
www.lucashertzman.se

1972 infördes den så kallade *könstillhörighetslagen* i Sverige. I enlighet med denna lag uppskattas omkring 800 transsexuella ha tvångssteriliserats ända tills dess reformation år 2013. Denna bok tillägnas de som tvingades att kämpa och lida – för inget mer än att få vara sig själva. Må statens försummelse av era rättigheter aldrig glömmas.

Innehåll

Om författaren

Lucas Hertzman är 18 år gammal bor i norra Sverige. *Queerfeministisk samhällsteori* är hens första bok, och är i grund och botten en sammanfattning av hens egen livsåskådning och värdegrund. Bokens syfte är att utgöra ett inlägg i samtidens samhällsdebatt, samt att väcka tankar och ge motivation till andra att ifrågasätta samhällets utformning.

Lucas skriver om bl.a. feminism, sekularism, sexism, rasism, HBTQ-fobi och queerteori på sitt twitterkonto *lucashertzman*.

INLEDNING

Vad är drivkraften bakom sexism, homofobi och förtryck? På vilket sätt hänger HBTQ-fobi och kvinnoförtryck ihop? Varför får kvinnor i genomsnitt lägre lön än män för lika arbete? Varför vill vissa vara konforma med heteronormen och tillskriva sig själva könsroller? Hur kan en identifiera det dolda kvinnohatet?

I *Queerfeministisk samhällsteori* besvaras bland annat dessa frågor med hjälp av tankeställande och debatterande texter, blandat med både etablerade och nyskapade teorier. Precis som titeln antyder så utgår jag från en queerfeministiskt synvinkel som integreras i min personliga analys och tolkning av de fenomen som tas upp i boken.

Eftersom boken utgörs av flera separata texter har jag dessutom kunnat rikta den till en större publik än bara de som redan är insatta i främst feminism, genus och queerteori. Många vardagsfenomen som jag misstänker att majoriteten kan relatera till behandlas, jag hoppas att detta kan öka intresset även hos de som inte känner sig helt säkra på exempelvis vad patriarkatet, genus, queer eller feminism innebär.

Denna bok använder det personliga pronomenet *hen* i så stor utsträckning som möjligt. Att genomgående använda könsneutrala pronomen har under arbetets gång visat sig vara problematiskt, då många exempel avser *en kvinna* och *en man* som personer av respektive socialt kön i allmänhet. I dessa fall är könsbestämmande pronomen, för tydlighetens skull, mer användbara än könsneutrala. I syfte att ifrågasätta mannen som norm, utgår allt fallocentriskt språkbruk; pronomenet *en* används istället för *man* kontinuerligt genom boken.

Slutligen vill jag tacka för att du har köpt min bok, det betyder mycket för mig som egenutgivande (amatör)författare. Du är självklart välkommen att diskutera, kritisera, ge synpunkter eller fråga något; kontakta mig i sådana fall mig på mitt twitterkonto *lucashertzman.*

Tack för er hjälp med korrekturläsning,
fotografi, kritik och rådgivning;
Anna, Helin och Moa.

”The love that dare not speak its name”

Lord Alfred Douglas
Two Loves, 1894

Sektion 1

Homosexualitet och hat

Statlig homofobi

Hur Socialstyrelsen bannlyser MSM från att ge blod

Fram till 2010 var det enligt Socialstyrelsens bestämmelser totalförbjudet för MSM[1] att donera blod. En man som någon gång i sitt liv hade haft samlag med en annan man var alltså bannlyst från blodgivningscentralerna på livstid.

Allt detta ändrades 2010 då Socialstyrelsen bestämde att MSM *enbart* bannlyses i ett år från senaste samlag[2]. Reglerna för män som har sex med kvinnor och vice versa var desamma innan 2010 som efter; deras väntetid för att ge blod är tre månader efter senaste samlag. Både den gamla och den nya policyn är inget annat än restprodukter från ett homofobiskt 80-tal; där AIDS inte sällan kallades "bögpesten".

Det första fallet av HIV i Sverige upptäcktes 1982. Rädslan – som många på den tiden hanterade genom att använda homosexuella män som syndabockar – lever uppenbarligen kvar i Socialstyrelsens protokoll. Det är bevisat att MSM löper större risk att drabbas av HIV än män som har sex med kvinnor, och kvinnor som har sex överhuvudtaget. Och när det gäller blodgivning är självklart säkerheten viktigare än att vara politiskt korrekt. Faktum är dock att ingen säkerhetsrisk existerar, eftersom allt donerat blod testas för (bland annat) HIV.

Tre månader efter senaste samlag är tiden som krävs för att HIV-tester ska kunna visa pålitliga svar. Och tre månader är, som tidigare nämnt, den väntetid som erbjuds andra sexuella grupper än MSM. Menar Socialstyrelsen alltså att det tar längre tid för ett HIV-test att ge ett säkert resultat, om den testade är en man som har haft sex med en annan man?

Att behandla MSM som en riskgrupp är fullkomligt orimligt eftersom det finns ett system som förhindrar att smittat blod når den tredje parten. Vad Socialstyrelsen försöker att uppnå, förutom att minska sina möjligheter att få tag på donerat blod, är för mig oförståeligt.

---

1 Man/män som har sex med män. Den kvinnliga motsvarigheten kallas MSM. Uttrycket används för att betona att aktörens läggning är oväsentlig, även om själva sexakten är homosexuell.

2 Se även *SOSFS 2009:28. Krav på blodgivares lämplighet.*

Jag har hört någon säga att blodgivning inte är en mänsklig rättighet – och att det därför inte måste erbjudas alla. Att ha en sittplats på bussen är inte heller en mänsklig rättighet. Oavsett så misstänker jag att ytterst få skulle argumentera för att allting stod rätt till i samhället, exempelvis dagen då Rosa Parks satt kvar på sitt säte. Diskriminering sker på många sätt; det som spelar roll är om en väljer att blunda eller inte.

Heteroproblemen med homoadoption

Vilken part utgör egentligen hindren för homoadoption?

Adoption är inte en mänsklig rättighet, och därför är det inte rimligt att säga att homosexuella "har rätt" till adoption[3]. Dock har inte heterosexuella heller rätten att adoptera, de som har rätt att adoptera idag i t ex Sverige är de som bedöms vara kapabla att ta hand om ett barn.

Kriterierna för att en person, eller snarare ett par, ska klassas som kapabla handlar bland annat om att det finns en trygg hemmiljö för barnet, att paret har en inkomst som tillåter barnet att växa upp med en ekonomisk trygghet och att paret enligt rådande samhällsnormer inte anses vara olämpliga, till exempel narkomaner, alkoholister eller så svårt sjuka att de inte kan ta hand om sig själva.

Att vara heterosexuell eller homosexuell skapar i sig ingen universell skillnad, i detta avseende alltså en skillnad som direkt skulle bero på läggning. Den enda skillnaden som möjligtvis existerar mellan personer av olika läggningar, är skillnaden som skapas som ett resultat av själva läggningen.

Så om homosexuella personer är lämpliga som föräldrar eller inte är i stort sett en icke-fråga, eftersom läggning är fullkomligt irrelevant för att definiera hur en person är. En person bör definieras av sina medvetna beslut, eftersom det är dessa som visar vilken sorts människa hen är. En bedömning av hurvidare en person är lämplig som förälder eller inte bör således göras efter personligheten, och inte efter läggning eller något annat som ingen kan välja själv.

---

3 För enkelhetens skull refererar denna text till homoadoption och homosexuella personer, men gäller även samkönad adoption av personer med andra läggningar.

Men det finns fortfarande ännu en aspekt av homoadoption som inte får glömmas bort. Fastän homosexuella i sig är lika lämpade som heterosexuella att vara föräldrar, finns ännu en person som spelar en precis lika viktig roll: barnet.

Hur bra ett barn mår, i avseendet hur det behandlas av sina föräldrar, har ingen koppling med föräldrarnas läggning. Föräldrarna är bara *två* personer (vanligtvis); de är inte de enda som påverkar barnets välmående. I Sveriges nuvarande samhällsklimat existerar fortfarande homofobi, vilket ett barn oavsett sin egen läggning, kan drabbas av om hens föräldrar är homosexuella. Risken finns, och är dessutom påtaglig att ett barn från en homoadoption kan fara illa på grund av andra vuxnas och barns homofobi.

Ett vanligt argument emot homoadoption är att ett barn kan bli mobbat under sin skolgång å sina föräldrars vägnar. Att bli utsatt för mobbning kan utan tvekan vara både traumatiskt och ärrande för ett barn. Huvudargumentet för denna tes handlar alltså om att det inte är rättvist att ett barn ska fara illa på grund av att dess föräldrar är homosexuella som har valt att adoptera barnet.

Dock vilar detta på grundtanken att den mobbning som barnet utsätts för, grundar sig helt i homofobi. Jag ser inte alls detta som ett rimligt argument, eftersom ett eller flera barn som är kapabla att trakassera ett annat barn, säkerligen skulle göra det oavsett om det finns ett homoadopterat barn med i bilden eller inte.

Ett barn som kan stödja sig på sitt samvete och fortfarande mobba, skada eller trakassera någon annan, behöver inte homofobi som anledning. Ett sådant barn har i sig självt ett problem; att hen inte har skapat sig en korrekt och fungerande moralkompass. Homofobi kan vara en händig ursäkt för mobbning, men utgör knappast dess anledning.

Homosexualitet är således inget hinder för att kunna vara en god förälder. Problemet återfinns i själva samhället; det är andra människor, inte de homosexuella föräldrarna, som i slutändan avgör hur bra barnet mår. Det är alltså omöjligen rimligt att skylla eventuella problem som barnet får, enbart på dess föräldrar – och döma alla homosexuella som olämpliga att ta hand om barn.

Politiskt korrekt hat

Är det rätt att hata?

En person som har hatiska åsikter om homosexualitet, homosexuella personer och/eller homosexuella handlingar i allmänhet är en *homofob*. Enligt ordböcker gäller homofobi snarare en *irrationell rädsla* än åsikter, men det är lite väl önsketänkande att föreställa sig homofobi som något en själv inte kan kontrollera. Obefogat hat är inget som "drabbar" en, det är ett aktivt val.

I alla fall, innebär detta att en homofob *i teorin* hatar alla homosexuella. Alla miljoner homosexuella i hela världen. Är det verkligen rimligt att hata flera miljoner människor som en inte ens har träffat?

Jag har inget emot hat. Tvärtom tycker jag att hat inte nödvändigtvis måste vara något negativt, så länge det riktas åt rätt håll. Det är ingenting konstigt med att inte gilla allt och alla; jag skulle själv påstå att jag hatar ett antal personer och företeelser.

Jag hatar Göran Hägglund för hens HBTQ-fobiska politik, jag hatar ett flertal gamla lärare och jag hatar *foie gras*; för de falska förhoppningar om att utgöra en god förrätt detta menyval gav mig på en fransk restaurang för ett par år sedan, följda av besvikelse när jag insåg att lever helt enkelt smakar lever.

Nu har jag inte träffat varenda *foie gras* som finns, men jag vill bestämt påstå att människor är mer komplexa än gåslever – därför gäller inte samma regler (och såvitt jag vet är inte "hets mot gåslever" brottsligt i Sverige). En rasist eller homofob däremot, hatar som sagt stort omfattande grupper av människor utifrån olika "karaktärsdrag" de har; till exempel en viss hudfärg, etnicitet eller läggning.

Mitt argument skulle kunna bemötas med att en rasist hatar själva hudfärgen "mörk" (som exempel), och att hatet därför är befogat; eftersom det gäller något konkret och inte flera miljoner människor. Även om detta vore fallet, så appliceras hatet i slutändan på en grupp människor. Dessutom en grupp människor som *inte har valt* detta karaktärsdrag.

Jag antar att det finns en viss skillnad mellan att säga ”jag hatar dansbandsmusiker” och ”jag hatar mörkhyade”. Det är dock inte min poäng; jag menar helt enkelt att en omöjligen kan hata vissa människor för något de inte valt själva, utan att framstå som korkad.

Visst, hata brevbäraren, miljöförstöring, grannen, Hitler, countrymusik eller något annat som *är rimligt*. Men påstå inte att du hatar afrikaner eller homosexuella förrän du har träffat allihop, och således är kapabel till att göra en trovärdig bedömning.

❖

Många ungdomar engagerar sig nu för tiden i demonstrationer mot politiska partier och rörelser som de inte gillar. Några av mina bekanta har bland annat demonstrerat mot Sverigedemokraterna och Svenska motståndsrörelsen/Nordfront[4]. En minnesvärd fras som en bekant till mig använde vid en demonstration mot en samling som hölls av Svenska motståndsrörelsen, var ”*vi vill inte ha rasister eller nazister på våra gator*”.

Personligen tycker jag att detta låter som något en rasist eller nazist skulle kunna säga (om några ord byttes ut). Det är självklart bra att vi i Sverige har yttrandefrihet och demonstrationsfrihet; men bör vi inte låta alla nyttja dessa rättigheter i frid, även de vars åsikter befinner sig utanför den politiska korrektheten?

Jag ser egentligen inget fel med att Sverigedemokraterna eller Svenska motståndsrörelsen håller samlingar eller demonstrationer; de har den rätten och det måste respekteras. Och om en inte gillar att de lyckas rekrytera medlemmar med hjälp av dessa möten, så tycker jag att det bara är barnsligt att demonstrera för att motverka detta.

Ingen är tvungen att gilla exempelvis Sverigedemokraterna eller Svenska motståndsrörelsen – själv skulle jag hellre utvandra än att se dem styra Sverige – men alla har rätt till att själv välja sin ståndpunkt. Om någon vill gå med i Sverigedemokraterna, vilka är vi andra att försöka hindra personen i fråga?

Påståenden som det tidigare nämnda, förutsätter dessutom att *rasister* och *nazister* är två fullkomligt enhetliga grupper. I detta återfinns samma problematik som i homofobiska påståenden

---

4 Den nynazistiska organisationen Svenska motståndsrörelsens nättidning. Det är antagligen en vanlig missuppfattning att Nordfront skulle vara namnet på själva politiska rörelsen.

i stil med ”jag hatar homosexuella”. En rasist måste inte vara någon bedriver hets mot folkgrupp och begår hatbrott mot invandrare; det kan lika gärna vara en enstöring som bor i skogen och muttrar n-ordet för sig själv, utan att någonsin skada någon.

Precis som att en homofob antagligen föreställer sig en viss stereotyp när hen uttrycker sitt hat mot homosexuella, utgår ”*vi vill inte ha rasister eller nazister på våra gator*” ifrån personliga föreställningar om vad *en rasist* och *en nazist* är. För att inte hamna på samma nivå som (antagligen) många av de en demonstrerar emot är på, krävs det att en tänker efter lite. Även de som ställer sig emot hat, kan i slutändan bli de som propagerar för det.

En annan grupp människor som allt för ofta får obefogat hat riktat mot sig, är pedofiler. Jag är inte säker på om det är utifrån ren ignorans, eller medveten idioti som så många uttrycker sitt hat mot pedofiler.

För det första innebär pedofili att personen det rör känner en starkare attraktion till prepubertala barn, än till vuxna. Och för det andra så är inte läggning/preferens (sexuell eller romantisk[5]) något som en själv kan välja. Om en tror att exempelvis läggning är ett val, så föreslår jag att personen i fråga ansluter sig till valfri religiös sekt och assisterar dem i sitt arbete att finna ”botemedlet” för homosexualitet. Där kan hen finna jämlikar.

Likt hur homosexuella demoniserades i exempelvis 50-talets USA, drivs organiserat hat mot pedofiler i samtidens västerländska samhälle. En pedofil är inte nödvändigtvis en person som förgriper sig på barn eller sprider barnpornografi. En sexualförbrytare däremot, kan vara någon som utsätter barn för sexuella övergrepp.

Det är inte hat mot personer som sexualförbrytare jag fördömer, – de bör straffas hårt – utan det är hatet mot de som inte har gjort sig förtjänta av det. Eftersom ingen kan välja vart ens attraktion riktas, är det väldigt hatiskt att förkasta pedofili. Att hata en person för att hens preferenser inte är politiskt korrekta, är inget mindre än avskyvärt.

5 Se även *Läggning* i *Köns-, romantik- och sexualitetsspektrum* (s.46).

FAGHAGS OCH HOMOSTEREOTYPER

När "acceptans" går till överdrift

TROTS ATT MYCKET ORÄTTVISA och hat existerar i världen, riktat både mot HBTQ-personer och andra, finns det många som tar avstånd från sådant. Det finns vissa som inte lägger någon vikt alls vid exempelvis läggning, och så finns dem som istället lägger alldeles för mycket vikt vid läggning, beteende och sexualitet. De jag syftar på är inte uppenbara HBTQ-fober, utan så kallade *faghags*.

Faghag är ett engelskt begrepp och syftar främst på en heterosexuell kvinna som föredrar att umgås med homosexuella män (i större utsträckning än med andra). Begreppet må vara engelskt, men fenomenet skulle jag påstå är globalt. Det negativa med personer som har ett faghag-synsätt, är att de både bidrar till marginalisering och stereotypisering av homosexuella.

Stereotypen om homosexuella män som en faghag utgår ifrån, är den om att en homosexuell man har ett stereotypt feminint beteende. Ett sådant homofeminint beteende inkluderar intresse för mode, shopping, skvaller, skönhet och alla andra delar av den kvinnliga könsrollen som nittiotalsserier som *Sex and the City* har forcerat in i allmänhetens kollektiva uppfattning. Av en för mig okänd anledning är det väldigt önskvärt bland många kvinnor att ha en eller flera manliga homosexuella vänner.

Dock vill faghags egentligen inte vara vänner med homosexuella män, de vill vara vänner med stereotyper. Fastän homofobisk populärkultur ofta framställer homosexuella män som överensstämmande med den homofeminina stereotypen, speglar det inte verkligheten. Det är dock vanligt för människor att tro på det vi finner mest bekvämt för oss själva, d.v.s. stereotyper, vilket i sin tur leder till att "faghaggande" bara fortsätter.

Jag själv har upplevt detta ett flertal gånger; kvinnor som jag har stött på vid sociala tillställningar (exempelvis fester) har fått veta om min icke-heterosexuella läggning, och därpå agerat mycket mer positivt än innan. De vanligaste reaktionerna som jag brukar få är: "*jag har alltid velat ha en bögkompis*" och "*jag älskar bögar*". Märk väl att dessa personer tolkar *icke-heterosexuell* som *homosexuell*.

Vad som möjligtvis enerverar mig allra mest, är när faghags som jag träffar, frågar mig om jag har vissa typiskt homofeminina egenskaper, trots att redan har konverserat med mig och haft tid att skaffa sig en uppfattning av min personlighet. Dessa personer byter fullkomligt ut det intryck de som har fått av mig, mot hur de förväntar sig att jag ska vara; vilket grundas på en naiv och önsketänkande föreställning om en sann stereotyp. Personligen föredrar jag att umgås med personer som vill vara mina vänner för att de uppskattar min personlighet, framför sådana som vill ha en läggningskvoterad vänskapskrets.

Något intressant är att ytterst få anser mig stämma med den homofeminina stereotypen, men istället för att ifrågasätta själva stereotypens sanningshalt, är det jag som blir ifrågasatt. Jag har bland annat fått höra saker som: "*du är fel sorts bög*", "*du är ju inte en sådan bög*", "*du är inte på det sättet*" o.s.v.

Vid tillfällen som dessa lyser den heteronormativa önskan om ständig kategorisering igenom. Problematiken kring kategorisering som denna, är att det reducerar människor till läggningar istället för personer. Detta är anledningen till att jag kallar mig själv queer; jag vill inte att min personlighet definieras av exempelvis mitt biologiska kön eller min läggning.

Jag känner inget behov av att kalla mig man, homosexuell, bisexuell, pansexuell eller något annat, då jag är fullkomligt kapabel att uttrycka mig själv med enbart hjälp av min personlighet, och de aktiva val jag gör.

Förutom att reducera homosexuella som individer med hjälp av kategorisering och stereotypisering, görs samma sak med homosexuella (och andra) som grupper. Något som exempelvis förekommer bland faghags är att betrakta homosexuella som en tydligt definierad grupp personer. Detta sker genom att säga saker som: "*jag älskar bögar/homosexuella*" eller "*jag har inget emot homosexuella*".

Det finns ingen logik i ett sådant påstående, eftersom personen i fråga omöjligen har haft kontakt med alla homosexuella som finns. Min utgångspunkt för det här tänkandet är att en måste ha haft någon sorts interaktion med en annan människa för att kunna bedöma eller beskriva den personen. Jag skulle exempelvis aldrig säga att jag gillar eller ogillar någon som jag aldrig har träffat, pratat med eller ens vet existerar.[6]

Självklart är det bekvämt att tolka omvärlden med hjälp av stereotyper och andra föreställningar. Det är mycket enklare att kategorisera och uppfatta människor utifrån deras kön och läggning, än att tvinga sig själv att se bortom detta - och fokusera på personligheten. Men i slutändan så är det upp till en själv att avgöra om en vill grunda sitt synsätt i simpel ignorans, eller i ansträngd ärlighet.

6 Se även *Politisk korrekt hat* (s.6) för fler tankar utifrån detta resonemang.

"If her functioning as a female is not enough to define *woman*, if we decline also to explain her through 'the eternal feminine', and if nevertheless we admit, provisionally, that women do exist, then we must face the question: what is a woman?"

Simone de Beauvoir
The Second Sex, 1949

SEKTION 2

FEMINISM, KVINNOR OCH PATRIARKATET

Koranens kvinnoförtryck

Täckande klädsel och objektifiering av kvinnor

Sedan den 13 juli 2010 råder ett slöjförbud på allmänna platser i Frankrike. Den dåvarande presidenten Nicolas Sarkozy sade att det är oacceptabelt att kvinnor "*hålls fångar bakom en burka och förhindras att ha ett socialt liv och en egen identitet*". Sarkozys åsikter om bl.a. invandring eller mångkulturalism i allmänhet är oftast en aning för främlingsfientliga för mitt samtycke, men i den här frågan håller jag med (till viss del, jag är inte för ett slöjförbud i Sverige[7]).

Täckande klädesplagg avsedda för kvinnor – som burka och niqab – är inget mer än redskap för ett patriarkalt kvinnoförtryck. I bland annat Koranens vers 33:59 uttrycks ett krav för kvinnor att täcka sig själva; "*O profet, säg till dina fruar, dina döttrar, och fruarna till de troende, att de ska förlänga sin klädsel. På så sätt kommer de att betraktas (som rättfärdiga kvinnor) och undvika förolämpningar.*"[8].

Kvinnor som bär täckande klädsel anses vara anständiga enligt Koranen. Detta avser bland annat minska risken för att kvinnor drar till sig uppmärksamhet och sexuell attraktion från män (t.ex. våldtäkt).

Något som kan ses som positivt med täckande klädsel är att det minskar möjligheterna för objektifiering av kvinnor; eftersom sådana kläder – till skillnad från "västerländsk klädsel" – reducerar antalet faktorer som dess bärare kan bedömas utifrån.

Det är en skam att kvinnor i västvärlden så ofta reduceras till sin klädsel. Men en måste fråga sig själv om det verkligen är rimligt att kvinnor ska tvingas täcka sina kroppar för att slippa betraktas som sexobjekt. Är inte problemet snarare att män (oavsett kultur) anser sig ha rätt till

---

7 Jag önskar påpeka att jag är starkt emot alla religioner, inte bara Islam.

8 Märk väl att den riktiga Koranen måste vara skriven på arabiska, och att översättningar enbart kan klassas som tolkningar. Och att det finns fler verser ur Koranen än bara denna som behandlar kvinnors klädsel.

kvinnors kroppar? En rätt som i det här avseendet manifesterar sig som faktumet att de väldigt ofta tar sig friheten att både kommentera och bedöma kvinnors utseende.

Jag är utan tvekan positiv till mångkulturalism. Sverige (eller vilket land som helst) berikas av utländska kulturer, och när kulturer blandas kan människor komma närmare varandra och känna mer samhörighet. Men mångkulturalism kan inte låtas överskrida vissa grundläggande värderingar; som demokrati och frihet från förtryck.

En kvinnas kropp är aldrig en mans (eller någon annans) ägodel; den är hennes egen, och ingen religion har rätt att bestämma hur den ska visas eller användas.

Sedan finns det utan tvekan en stor andel kvinnor som säger att det är deras eget val att bära slöja – att de inte enbart gör det för att deras religion kräver det. Burka och niqab kan enligt mig aldrig innebära frihet.

Även de kvinnor som påstår sig själva ha valt att maskera sig, ser jag som förtrycka. Jag tänker anta att dessa kvinnor antingen har växt upp med, eller senare i livet påverkats att lyda Koranens krav om täckande klädsel.

En kan tycka att mitt synsätt är naivt och västerländskt, eftersom jag i detta avseende betraktar den västerländska kulturen som mer korrekt än andra kulturer. Dessutom kan en se det som att jag förutsätter existensen av universella sanningar om frihet kontra förtryck. Det vill jag påstå inte stämmer, då jag är väl medveten om att *frihet* bara är en social konstruktion.

Eftersom mitt synsätt inte kan grundas i varken ”rätt” eller ”fel”, utgår jag helt enkelt ifrån att *färre klädesplagg innebär mer frihe*t. Något tänkvärt utifrån detta resonemang är att vissa folkgrupper i exempelvis Afrika och Sydamerika, traditionellt bär få eller inga kläder. De skulle därför kunna påstå att vi i västvärlden lever under förtryck; eftersom vi både har normer och lagar om att bära kläder.

Jag har inte för avsikt att ge mig in i den diskussionen, men jag tänker låta tanken om ett förhållande mellan mängden klädsel och frihet stå, som huvudargument för att maskering innebär förtryck.

Historien och kvinnorna

Om skildring av kvinnohistoria, och kvinnorollen för 200 år sedan och idag

Den svenska kulturen har länge varit, och är ännu, starkt genomsyrad av patriarkatet och dess förtryck. På 1800-talet innebar kvinnans roll att hon fungerade som sin makes tillbehör. I alla samhällsklasser krävdes det av henne att hon avsade sig rätten till sin egen kropp.

Den sexuella relationen mellan två gifta parter dominerades helt av mannen; kvinnor förväntades sakna både sexuell drift och önskemål. Det var därför mannen som fritt bestämde över kvinnans sexualitet. En kan dra slutsatsen att mörkertalet över hur många kvinnor som utsattes för våldtäkt inom äktenskapet är ofantligt stort.

Även när det gällde barnafödsel hade en kvinna lite att säga till om. Mannen bestämde hur mycket, och när familjen skulle utökas. Fastän det var mycket farligt att gå igenom en förlossning på den tiden, var det inte upp till kvinnan att ta ett beslut om vad hon ville göra med sin egen kropp. Barnafödsel slutade inte sällan med döden.

Det patriarkala samhället var utformat på ett sätt som knappt tillät någon kvinna att bestämma över sig själv eller sitt liv. Män tjänade inte helt oväntat mer pengar än kvinnor, vilket gjorde att även om en kvinnas make gick bort (hon blev då myndigförklarad och kunde i teorin kontrollera sitt eget öde) så blev hon i de flesta fall tvungen att hitta en ny make; eftersom det var väldigt svårt för en kvinna att försörja sig själv.

Könsmaktsordningens inflytande i Sverige må ha försvagats sedan 1800-talet, men lever utan tvekan kvar än idag. Den moderna kvinnliga könsrollen reducerar kvinnor till objekt som existerar för männens skull.

Exempelvis förväntas det av kvinnor att de lägger ned mycket mer tid på sitt utseende än vad som förväntas av män. Och inte sällan krävs det att en kvinna i maktposition justerar sitt utseende med smink, vissa kläder, frisyr, vikt o.s.v. En man i maktposition däremot, exempelvis i en styrelse, förväntas sällan dölja sina ålderstecken eller vara smal.

Ta Alliansens partiledare som exempel; Göran Hägglund, Fredrik Reinfeldt och Jan Björklund visar alla tre sina naturliga ålderstecken. Grått, eller inget hår alls; och utan tvekan ett par kilo mer än vad rekommenderas. Detta är dock inget bekymmer för dessa män.

Maud Olofsson däremot (Centerpartiets f.d. partiordförande) är 57 år gammal, och har antagligen färgat håret i många år för att dölja sina naturliga ålderstecken. Den enda nuvarande kvinnan bland Alliansens ledare; Annie Lööf är 29 år gammal. Lööf är alltså 18 år yngre än den yngsta av de manliga partiledarna; Fredrik Reinfeldt som är 47 år gammal[9].

❖

Rosalind Miles menar i sin bok *Kvinnor och världshistorien* att nyckeln till att skriva om kvinnohistoria, alltså den del av historien som till störst del är oskriven, är att söka efter det som inte rättvist har dokumenterats. En måste söka igenom, den av männen skrivna, historien efter blankrader och tomma sidor. Det är där, i icke-existensens tomrum som kvinnornas historia finns.

För att ge kvinnornas historia upprättelse, krävs det att historien skrivs utan en patriarkal censur (vilket jag är övertygad om att män tenderar att använda). Det är inte alltid trevligt att läsa äkta kvinnohistoria; och erkänna för sig själv att kvinnor historiskt sett har subordinerats männen och levt under förtryck.

Miles anser även att det är viktigt att arbeta efter två grundläggande frågeställningar inom ämnet kvinnohistoria; *"hur har männens lyckats hålla kvinnorna nere?"* och *"varför har kvinnorna låtit dem hållas?"*. Det räcker alltså inte att enbart uppmärksamma kvinnoförtryckets existens, en måste även söka efter en mer omfattande förklaring till förtryckets struktur och upprätthållelse.

I *Kvinnor och världshistorien* uttrycks dessutom idéen att eftersom människans historia så länge varit en skildring av vad män genom tiden har gjort och varit med om, utan större fokus på kvinnor, är det rättfärdigat att överdriva en del i skildringen av kvinnohistoria. Jag finner det

9 Skrivet maj 2013.

anmärkningsvärt att en historiker så självsäkert står för att förfalska historien. Trots detta håller jag med om, och stödjer vad hen gör.

Jag kan tänka mig att historiker som använder sig av ett mer traditionellt och patriarkalt historieperspektiv upprörs av detta; eftersom det säkerligen är provocerande för just en historiker att en kollega medvetet väljer att inte skildra *den egentliga sanningen*.

Men de som överdriver i skildringar av kvinnohistoria gör ingenting nytt – de gör exakt samma sak som manliga historiker har gjort sedan urminnes tider. Att överdriva historien är utan tvekan att förfalska den; men vad är då inte tusentals år av historieskildring som en tidslinje över mäns (och ett fåtal kvinnors) bedrifter som drivit mänskligheten framåt?

Det är definitivt motiverat att överdriva kvinnohistoriska skildringar i syfte att göra ett ställningstagande; och visa för traditionella historiker att kvinnor faktiskt har en plats i historien. Både historiker och andra *måste* erkänna allt det som kvinnor genom historien har fått genomlida.

De måste inse, att det kvinnohat som manifesterar sig i mäns försummelse av kvinnor i historieskrivning numera är ifrågasatt. Om historien spelades upp som en teater, skulle scenen fyllas av män; och kvinnorna skulle stå skymda bakom kulisserna.

Patriarkal monogami

Monogami som norm, familjefadern och löneskillnader

Det monogama förhållandet[10] är ännu en social konstruktion för att dela in människor i två polära kön; *kvinnor* och *män*.

Trogenhet som ett krav i ett förhållande verkar för att förstärka monogami som norm, oavsett om förhållandet är monogamt eller polyamoröst. Det jag syftar på är samhällets fixering vid att *en tredje person* alltid är något negativt när en talar om förhållanden. Inom populärkultur är exempelvis en kontakt – som med ena parten är sexuellt och/eller romantiskt kompatibel[11] (ex, vän, kollega eller annan bekant) – alltid porträtterad som hotfull mot den andra parten.

Kopplingen som ständigt görs mellan *en tredje person* och ett dåligt förhållande formar den allmänna uppfattningen av att *ett riktigt förhållande* alltid är mellan två personer. På grund av det västerländska samhällets monogaminormer, ges personer i polyamorösa förhållanden sällan en ärlig chans att tas på allvar. Istället skildras de i *Outsiders* och andra *freak show*-artade dokumentärprogram.

Anledningen till att jag kritiserar monogami, är dess egenskap som ett avtryck av heteronormen. Den enda anledningen till att förutsätta två personer som optimalt för ett förhållande, är att det är så heterosexuella föredrar att organisera sig. En kvinna och en man är vad som behövs för reproduktion, varken fler eller färre.

Det finns alltså ingen logisk anledning för personer i samkönade relationer att anpassa sig till de heterosexuellas system. Jag hoppas att fler inser att monogami inte behöver vara en självklarhet för ett förhållande. Det finns så många andra sätt att uttrycka tillgivenhet; så varför vara så stel och välja monogami?

---

10 I denna text avses monogami i alla former av förhållanden, inte bara äktenskap.

11 Se även *Läggning* i *Köns-, romantiks och sexualitetsspektrum* (s.46).

Äktenskap är en av patriarkatets mekanismer som verkar för att fastställa en mans ägande av en kvinna. Ett förhållande innebär även det ägande, men är inte lika kraftfullt som ett äktenskap. I ett äktenskap råder vissa normer och traditioner som verkar för äktenskapets fortlevnad och manlig kontroll; exempelvis att paret skaffar barn, tar mannens efternamn och har gemensam ekonomi.

Att ha barn och gemensam ekonomi fungerar båda som skydd för att äktenskapet håller, främst i avseendet att kvinnan inte lämnar mannen. Historiskt sett har det huvudsakligen varit mannen som försörjer paret och deras eventuella barn, vilket har gjort det svårare för kvinnor att lämna sina män; eftersom de har riskerat fattigdom.

Idag är det dock betydligt ovanligare att enbart mannen försörjer familjen, men spåren av denna tradition är tydliga. Kvinnor tar i genomsnitt avsevärt mer föräldraledighet än män, och är på en samhällsnivå mindre accepterade inom arbetslivet. Att kvinnor inom arbetslivet både har en genomsnittligt lägre lön (för lika arbete) och färre maktpositioner[12] än män, indikerar att de inte är välkomnade till samma grad som män.

Vissa argumenterar för att anledningen till att kvinnor i genomsnitt får en lägre lön än män för lika arbete, är att män är fysiskt starkare och därför gör mer arbete. Det stämmer att män ofta är mer muskulösa än kvinnor, men handlar problemet verkligen om muskler?

Traditionen att en kvinna vid giftermål tar mannens efternamn, är inte heller det något annat än ett sätt att stämpla henne som sin makes ägodel. Fram till 1982 var det till och med lagstadgat att kvinnor tar sina makars efternamn. Dessutom leder det till att en kvinna som tar sin makes efternamn definieras utifrån honom och förlorar en del av sin självständighet.

Namnet är en viktig komponent i en människas identitet; det är en beskrivning som sammanfattar alla aspekter av en individ (denna beskrivning varierar givetvis från person till person, beroende på vilken uppfattning en har om personen i fråga/sig själv).

12 Exempelvis chefs- och styrelsepositioner.

När en kvinnas efternamn då byts ut mot makens, försvagas definitionen av henne som *[ursprungligt efternamn]*, och förstärks som *[nytt efternamn]*. Allt hon gjort i livet fram till namnbytet associeras med en person som går under det ursprungliga namnet, men efter namnbytet så definieras hon av vem hennes make är – då det är hans namn hon går under.

Min poäng är att patriarkatet genomsyrar hela vår samhällsordning. Även traditioner och normer – som av vissa ses som oskyldiga detaljer – utgör delar av en större konstruktion. Det är viktigt att vara kritisk och att alltid försöka se vad som döljer sig bakom exempelvis en viss tradition.

SKÄLLSORD OCH SEXOBJEKT

Om värderingar bakom olika skällsord och hur kvinnor sexualiseras

MAJORITETEN AV ALLA SVENSKAR skulle antagligen varken kalla sig *HBTQ-fober* eller *sexister* om de tillfrågades. De flesta skulle troligtvis påstå att de ser kvinnor, män och HBTQ-personer som jämlikar; och att de inte står för förtryck mot någon av dessa grupper. Utan tvekan skulle det vara trevligt om detta vore sant; men det är knappast fallet. Min gissning är snarare att majoriteten av alla svenskar dagligen bidrar till olika former av förtryck.

Något jag tror att många inte inser, är att det inte är krav att vara exempelvis homofob, för att det en säger ska vara hatiskt mot homosexuella. I bedömningen av ett påståendes homofobiska laddning är det oväsentligt vem en själv är och vilket syfte en har – må syftet vara skämtsamt eller inte.

Att skämta med en vän genom att kalla hen *bög*, eller att referera till en negativt upplevd företeelse som *bögig* – är inte det minsta acceptabelt. Homofobi följer med påståendet, vare sig det är menat så eller inte. Det spelar inte heller någon roll att det är just *bög* (som traditionellt är ett skällsord för homosexuella män) som används för att förolämpa någon, det skulle lika gärna kunna vara något så neutralt som *homo* eller *gay*.

Att som i detta exempel, skämtsamt förolämpa någon genom att säga *bög*, är homofobiskt då liknelsen i påståendet är att homosexualitet är något negativt. En förolämpning består aldrig av ett positivt laddat påstående, vilket är uppenbart, men ändå upplever jag att människor sällan tänker igenom vilka laddningar deras skällsord innehåller.

När skällsord som *fitta* och *kärring* används, är den avsedda liknelsen inte nödvändigtvis ett kvinnligt könsorgan eller en äldre kvinna. Speciellt när en man använder något av dessa skällsord för att förolämpa en annan man; då är avsikten att vara kränkande genom att antyda att den andra mannen är en *kvinna*.

Dessa, och många andra skällsord som kan kopplas till kvinnlighet, är utan tvekan manifestationer av vårt patriarkala samhällsklimat. Patriarker/homosociala män *hatar* kvinnor, och visar det med sitt språk. Problemet med ett sådant språkbruk är att det har normaliserats och används ofta obekymrat.

Att få personer faktiskt reflekterar över exakt vad det är som förmedlas i vissa uttryck och skällsord är beklagligt. När till exempel en kvinna förolämpar en annan kvinna genom att kalla henne *fitta*, så inser hon troligtvis inte att denna förolämpnings negativa liknelse och grund är *att vara kvinna*. När kvinnor själva använder patriarkala uttryck för kvinnohat, märks det tydligt hur lite människor i allmänhet faktiskt tänker på vad de säger.

Hora är ett annat skällsord som används alldeles för ofta. Kanske är det ett av de mest hatiska uttrycken för kvinnohat, på grund av dess negativa laddning. Vad ordet hora förmedlar är att kvinnan i fråga är *sexuellt frigjord*. "Lössläppt" kan en också kalla det, men det ordet anser jag personligen vara väldigt opassande – så vidare en inte ser ned på kvinnlig sexualitet.

Bland annat Maria-Pia Boëthius menar i sina teorier om patriarkatet[13], att könsmaktsordningen verkar för att varje man ska ha en kvinna att förtrycka. Således drar jag slutsatsen att nedvärdera kvinnlig sexualitet, är en patriarkal försvarsmekanism som upprätthåller könsmaktsordningen.

En sexuellt frigjord kvinna är mindre kontrollerbar än någon som är mer *avhållsam* – vilket inte alls passar patriarker. Jag skulle säga att patriarkatet delar dessutom upp kvinnor i två kategorier, verkliga och overkliga. Verkliga kvinnor är de kvinnor som män vill ha som partners. Det är dessa kvinnor som blir förtryckta av patriarker i sina förhållanden.

De overkliga kvinnorna är patriarkernas föreställningar om *perfekta kvinnor*. De porträtteras ständigt i populärkultur som passiva sexobjekt, och är exempelvis modeller. Patriarker kan aldrig få tag på de overkliga kvinnorna; dessa är endast fantasier på tidningsomslag och i pornografiska

---

13 Boëthius, Maria-Pia (1990) *Patriarkatets våldsamma sammanbrott & Varför våldtäkt finns*.

medier. Därför försöker patriarkatet alltid att göra verkliga kvinnor så lika de overkliga som möjligt.

M-magasin försökte år 2012 att "hylla" Sveriges kvinnliga ministrar på den internationella kvinnodagen, med en helsida som inkluderade bilder och ett antal textrutor med några meningar från varje minister[14]. Problemet var att exempelvis EU-minister Birgitta Ohlsson låg på en guldmadrass och (i profil) särade på benen, biståndsminister Gunilla Carlsson lät sin klänning fladdra i vinden (tänk Carola sjungande *Fångad av en stormvind*) och dåvarande jämställdhetsminister Nyamko Sabuni poserade med handen på sin sneda midja.

När blev statsminister Fredrik Reinfeldt senast fotograferad med särade ben på en guldmadrass? Detta är ett av ofantligt många exempel på hur kvinnor väldigt ofta – i vilket sammanhang det än gäller – reduceras till sexobjekt.

---

14 *M-magasin* (nr 4 2012).

Sektion 3

Queerteori, genus och könsproblematik

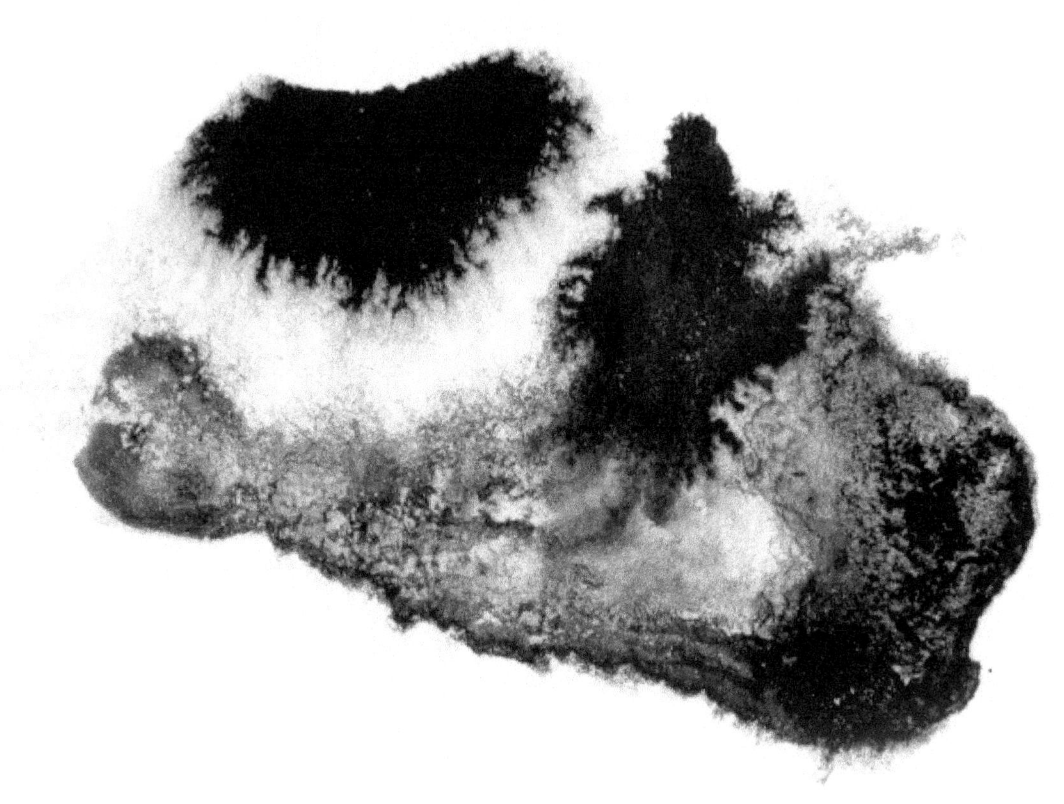

HETERO- OCH HOMONORMATIVITET

Ett skådespel med kön som roller

MÄNNISKAN ÄR ETT FLOCKDJUR. Vi känner oss bekväma i de grupper vi skapar. Dessa grupper kan vara allt från ett mindre sällskap av vänner, till hela samhället vi lever i. För att bevara konformitetens trygghet, krävs det att de individer som hotar gruppens status som homogen, marginaliseras. På en samhällsnivå kan det handla om hur människor både har en medveten, och omedveten tendens att distansera sig själva från individer som avviker från normer.

Heteronormen verkar för att marginalisera identitetsuttryck som inte är kompatibla med ”kvinnlighet” och ”manlighet” för respektive genus[15]. Detta innebär att homosexuella personer inte bara får sin läggning bortstött från vad som uppfattas vara ”normalt”, utan även får sitt kön marginaliserat. Detta gäller även andra individer vars könsidentitet, läggning eller könsuttryck står utanför heteronormen, men i just detta exempel avses homosexuella; som i sin icke-heteronormativitet tillskrivs *homomaskulina*[16] respektive *homofeminina*[17] könsroller.

I populärkultur och mainstreammentalitet målas en stereotyp bild upp av homosexuella kvinnor som maskulina, och homosexuella män som feminina. Genom dessa föreställningar segregeras homosexuella från tillhörigheten i respektive genus. Stereotypen om homosexuella kvinnor som “maskulina”, skiljer dem från övriga kvinnor; och från själva uppfattningen av ”femininitet”. Som personer reduceras de till enbart *avvikande* och icke-representativa för *en riktig kvinna*, i denna homomaskulina könsroll.

---

15 Genus är människans sociala kön, d.v.s. kvinna eller man.

16 Stereotypt ”manlig” homosexuell kvinna, kallas ofta butch i HBTQ-kretsar.

17 Stereotypt ”kvinnlig” homosexuell man.

Stereotypen om homosexuella män som "feminina" har samma effekt. De uppfattas i mainstreamkulturen som skilda från heteronormativa män, och avvikande från föreställningen av innebörden i begreppet "manlighet". En homosexuell man kan aldrig bli *en riktig man*, utan enbart en underkategori till *man*.

Konfirmeringsbias är en naturlig del av mänskligt beteende; det innebär att en person omedvetet uppmärksammar det som bekräftar hens egen uppfattning. Eftersom det finns exempelvis homosexuella kvinnor som klär sig "maskulint", kan människor bekräfta sina stereotyper med hjälp av just dessa kvinnor. På grund av människans konfirmeringsbias lägger vi ingen större vikt vid de homosexuella kvinnor som inte trotsar heteronormen och den homomaskulina könsrollen i sin klädsel och beteende.

Det är de kvinnor som stämmer överens med förväntningarna om homomaskulinitet som uppmärksammas. Människan skapar själv sin egen verklighet, och det är naturligt att ignorera det som ifrågasätter denna subjektiva verklighet.

❖

Jag förnekar inte att det finns homosexuella kvinnor och män som beter sig homomaskulint respektive homofeminint. Jag tvivlar inte för en sekund på att det inte finns många av dem — men det bevisar inget mer än att annan konformitet än den heteronormativa existerar. Vissa personer som inte passar in i heteronormen, kan istället identifiera sig med en *homonorm*. Detta tillåter även homosexuella att känna samhörighet i en grupp – vilket inte är möjligt med en heteronormativ gruppdynamik.

Denna homonormativitet grundar sig dock i heteronormens anti-ideal. Inga av de personlighetsdrag eller egenskaper som homonormen består av är *dess egna*; de är enbart heteronormens restprodukter. I och med detta, kan inte homonormen klassas som ett äkta distanstagande från heteronormen, eftersom det är heteronormen som har skapat den.

Personligen tror jag att vissa faktorer som bestämmer över en människas personlighet är medfödda, men att personligheten allra främst formas genom socialisation. Att vara konform med homonormen är således ett medvetet val. Personer som tillskriver sig själva en homomaskulin eller homofeminin könsroll, upplever njutning genom att agera konformt med den valda rollen; samma sorts njutning som personer inom heteronormen upplever när de spelar sina könsroller.

Identitetsuttryck som baseras på könsroller, är i hög grad att likna vid ett slags skådespel. En heteronormativ man har exempelvis en stark tendens till att anpassa sitt beteende i enlighet med mansrollens ideal; ju mer konform han är med sin könsroll, desto mer välbehag känner han från sin föreställning av att vara *en riktig man*.

Samma skådespel utförs av en homosexuell kvinna, när hon strävar efter homogenisering med den homomaskulina könsrollen hon betraktar sig själv utifrån. När hon väljer att ta avstånd från *det klassiskt feminina*, och införlivar HBTQ-kulturens butch-ideal, kan hon njuta av att känna sig som *en riktig lebba*.

LÖGNEN OM KÖN

De polära könen *kvinna* och *man*

UTGÅNGSPUNKTEN FÖR ETT HETERONORMATIVT samhälle är ett binärt könssystem. Ett tvåkönssystem, som enbart inrymmer kvinnor och män. I denna heteronormativitet finns ingen plats för personer med könsöverskridande identiteter.

Tvåkönssystemet utgör bland annat normen för människor att antingen vara kvinnor eller män. Den viktigaste funktion är dock att utgöra grunden för hela samhällets struktur. Samhället är konstruerat för två kön, och verkar för att hålla dessa kön åtskilda. Androgynitet bland människor, och könsneutralitet i språket, utgör följaktligen hot mot tvåkönssystemet.

Androgynitet har en motsägande ställning till könsroller. Tvåkönssystemet, som är grunden för bildandet av könsroller, ser till att de som avviker från sin tillskrivna könsroll, inte kan göra så utan konsekvenser. Dessa konsekvenser kan exempelvis vara social uteslutning eller diskriminering. HBTQ-fobisk behandling är vanligt förekommande, eftersom praktiskt taget alla former av könsöverskridande uttryck och identiteter trotsar heteronormen.

Alla lider av tvåkönssystemet. Ingen människa kan leva ohämmat i ett samhällsklimat som enbart accepterar heteronormativitet. Men de som kanske drabbas mest, är enligt mig transpersoner (speciellt transsexuella). Genom historien har kampen för transpersoners rättigheter varit mycket mindre omfattande än exempelvis den för homosexuellas rättigheter.

Eftersom kampen har varit begränsad, har transpersoner fått lida av att vänta länge på juridiska förbättringar av sin livskvalitet. I Sverige gavs samkönade par rätt att adoptera 2003, och kvinnligt samkönade par fick rätt till artificiell insemination två år senare – men det dröjde ända till 2013 innan kravet om tvångssterilisering vid könskorrigering avskaffades.

Tvåkönssystemet upprätthålls av heteronormens undantagslösa uppdelning av människan i två kön. I ett sådant binärt system tillåts ingen transcendens – vilket förtrycker alla som anser sig stå utanför könsrollen som de utav heteronormen har tillskrivits.

Den främsta anledningen till att motsätta sig tvåkönssystemet, är avsaknaden av dess necessitet. Det finns inga genuina fördelar med att anta en könstillhörighet. Att känna samhörighet inom normer må vara bekvämt; men nackdelarna väger allra tyngst, eftersom tvåkönssystemet motarbetar individens yttrande av den egna identiteten.

Jag är övertygad om att nästan vem som helst har kapaciteten som krävs för att både uttrycka och göra skäl för sin identitet; utan stöd av en tolkning utifrån ett kön. Personer som identifierar sig själva med ett kön mister förmågan till självuppfattning utifrån något annat än blott konforma reflektioner av en könsroll.

Detta är i sin tur onekligen hämmande för individens möjlighet att kunna skapa ett ärligt och självständigt uttryck för sin identitet. Att acceptera tvåkönssystemet, är att acceptera heteronormens och patriarkatets förtryck – och könsrollerna som en sådan samhällsordning samtyckeslöst påtvingar var och en av oss.

Könsrollernas läggning

Att reducera en person till enbart en läggning

Jag finner det anmärkningsvärt att äldre tiders könsroller vilade på respektive kön som sin grund; vad som var "manligt" grundades på män, och vad som var "kvinnligt" grundades på kvinnor. Dagens mansroll grundar sig däremot i avsaknaden av kvinnlighet. Istället för att utgöras av manliga ideal, består den av själva motsatsen till kvinnlighet.

Förr i tiden var det inte alls ovanligt att män i arbetarklassen sysselsatte sig med fysiskt krävande jobb, som industriarbete och skogsbruk. Det fanns helt enkelt inte så många val, och därför var de tvungna att ta sig an sådana arbeten för att kunna försörja sig själv och sina familjer. Dessa yrken dominerades följaktligen av män, vilket i sin tur skapade normer för vilka arbeten som är lämpliga för respektive kön.

Fastän alla yrken idag de jure är öppna för alla kön, är exempelvis fabriks- och skogsarbete fortfarande mansdominerade yrken. Inte för att det saknas andra möjligheter att få arbete och bra lön, utan för att yrket *inte är kvinnligt*.

Att nutidens manliga könsroll definieras av avsaknaden av kvinnlighet syns dessutom tydligt i och med att stereotypt kvinnliga egenskaper hos män ofta ses ned på. Fastän det på ytan må verka som att vi har kommit långt, resterar ännu en stor del av vägen mot fullkomlig acceptans.

Något som idag är vanligt för att kränka en man, oavsett läggning eller könsöverskridande egenskaper, är att på något sätt antyda att han är homosexuell. Detta grundar sig inte nödvändigtvis i att det existerar en tanke om att mannen i fråga är homosexuell. Antydan om homosexualitet görs enbart för det är kränkande. Anledningen till att homosexualitet uppfattas som kränkande är i sin tur på grund av dess vanligt upplevda samband med kvinnlighet.

Att koppla homosexualitet hos män med kvinnlighet är en typiskt patriarkal företeelse. Patriarkatet subordinerar homosexuella män (och även andra HBTQ-män) till samma nivå som kvinnor, och homofobi används för att förstärka detta.

Fastän den manliga könsrollen är heterosexuell, så formas den av alla män, oavsett läggning. Detta innebär att homosexuella män hotar könsrollens status quo, vilket i sin tur missgynnar patriarkatet. Genom att förskjuta homosexuella män från den ena punkten i könsrollernas binära relation "manlig" placeras de då vid den andra; "kvinnlig". Därför tillskrivs homosexuella män kvinnorollens egenskaper, och själva läggningen (i avseendet män) associeras med kvinnlighet.

Samma företeelse påverkar dessutom homosexuella kvinnor (och andra HBTQ-kvinnor), skillnaden är att de istället stereotypiseras som manliga. Homosexuella kvinnor är kanske det allra största hotet mot patriarkatet, eftersom de inte kan subordineras av män i sina förhållanden.

I relationen mellan könsroller förskjuts de därför till den manliga sidan, bort från kvinnlighet. Då homosexuella kvinnor inte låts tillhöra den kvinnliga könsrollen, kan denna att fortfarande omfatta "kravet" *att bli förtryckt av en man*[18].

Det råder ingen tvekan om att samtidens populärkultur kopplar manlig homosexualitet med femininitet, och kvinnlig homosexualitet med maskulinitet. Jag skulle påstå att majoriteten av alla TV-serier och filmer som innehåller homosexuella porträtterar dessa med homostereotypa egenskaper, och som avvikande från de heterosexuella karaktärerna.

Medier som TV-serier och filmer påverkar människor, vilket leder till att föreställningar som denna om homofeminitet smittar av sig på det övriga samhället. Personligen har jag många gånger stött på personer som förväntat sig ett kvinnligt beteende av mig, eftersom de uppfattar mig som homosexuell. När jag sedan inte har levt upp till denna förväntning har jag fått höra att det är jag som är annorlunda – att jag avviker från normen för min läggning[19].

---

18 Avser endast romantiska/sexuella förhållanden. Homosexuella kvinnor utsätts för andra former av patriarkalt förtryck.

19 Se även *Faghags och homostereotyper* (s.9).

För att stöta bort homosexualitet (och andra icke-heterosexuella läggningar) från normativitet och mainstreamkultur, krävs ständig påminnelse om att homosexualitet är avvikande. Det görs genom att konstant reducera homosexuella personer till enbart en läggning. Själva personligheten och andra egenskaper bortses ifrån.

I filmer och TV-serier får homosexuella sällan vara med utan att avsnittet eller filmen handlar om just deras läggning och vilka problem deras homosexualitet för med sig. Dessa karaktärer är sällan *personer*, utan enbart *homosexuella*.

När fotbollsspelaren Anton Hysén tillkännagjorde sin homosexuella läggning blev det en sensationell nyhet i media. Det var då inte längre fotbollen som kopplades ihop med Hysén och var grunden till definitionen av hen, det var läggningen. Istället för att enbart vara *"fotbollsspelaren Anton Hysén"*, blev hen istället *"den homosexuella fotbollsspelaren Anton Hysén"*.

Och när skidåkaren Anja Pärson gick ut med att hen skulle bli förälder låg ett stort fokus i media på att Pärsons partner var en kvinna, och att ingen av dem identifierar sig själv som heterosexuell.

Säkerligen finns det många homosexuella som har helt andra egenskaper än bara deras läggning, och skulle hellre använda desssa för att definiera sig själva som personer. Men så länge vårt samhälle lägger ett så stort fokus på människors läggning, blir allt annat oviktigt.

Tre enkla steg

Hur du förstärker köns- och sexualitetsnormer i populärkultur

Steg ett - HBTQ-personer

Inkludera gärna HBTQ-karaktärer i TV-serier, filmer, böcker o.s.v., men glöm inte bort att lägga allt fokus på karaktärernas läggning/könstillhörighet. Är karaktären homosexuell? Skildra karaktärens kamp för att finna sig själv, att "komma ut", diskriminering, baksug eller något annat problem som du tror att alla homosexuella har.

Om några karaktärer är "bisexuella", låt deras läggning bara vara en fas som slutligen övergår till homo- eller heterosexualitet. För alla vet att bisexuella, likt enhörningar och tandfen, inte finns på riktigt. De är bara homo- eller heterosexuella som inte kan bestämma sig.

Det är dessutom viktigt att göra en tydlig skillnad mellan de "vanliga" karaktärerna och HBTQ-karaktärerna. Exempelvis manliga homosexuella karaktärer bör antingen vara fullkomligt stereotypa, eller riktigt grova och maskulina.

Enklast är det om en homosexuell kvinna porträtteras homomaskulint, och en homosexuell man homofeminint. Det är så allmänheten förväntar sig att karaktärerna ska vara; alltså är de mer mottagliga för homosexualitet i allmänhet, om det skildras stereotypt.

En annan ingångspunkt är att ha homosexuella karaktärer som beter sig på samma sätt som de övriga heterosexuella karaktärerna gör. TV-serien *Desperate Housewives* är i detta fall att ha som förebild. På den fiktiva gatan *Wisteria Lane* bor det homosexuella paret Lee och Bob. Lee är en mäklare som gillar mode och skvaller, medan Bob är en advokat som i serien själv beskriver sig som *butch*.

Detta par demonstrerar tydligt hur polära homosexuellas personligheter är; antingen homonormativa, eller heteronormativa. Det finns absolut inget utrymme för avvikelser från den här mallen.

Om du fruktar att exempelvis TV-serien du producerar är för kontroversiell, gör som SVT när såpoperan *Rederiet* 1996 visade en ”homokyss” för första gången. Det innebär alltså att du upprättar en nödlinje för tittarna att ringa in till, om det psykiska terrorn orsakad att se två personer utbyta saliv skulle bli för påfrestande.

Steg två - Kvinnor och superhjältar

Eftersom alla superhjältar i filmer är heterosexuella, måste en kvinna finnas med i handlingen för att hjälten ska ha någon att förälska sig i. Och vilken kvinna passar inte bättre för en superhjälte, än en superhjältinna?

Ta filmen *The Dark Knight Rises (2012)* som exempel; där paras stora starka Batman ihop med den likväl farliga som feminina karaktären Catwoman. Se till att hålla en balans mellan styrka/makt och sexuell utstrålning hos superhjältinnor. Catwoman är en ganska självständig kvinna som (till en viss utsträckning) klarar sig väl utan en man, och dessutom är farlig för sina fiender i kamp.

Balansen här upprätthålls av att Catwoman klär sig i en tajt läderdräkt och dessutom har en piska i svart läder. Kombinationen av nätt femininitet med sliskiga BDSM-referenser är perfekt för en kvinna i superhjältevärlden.

I superhjältarnas värld är det dessutom viktigt att välja rätt ”figur” för rätt kön. En man som associeras med ett djur bör vara ett som är mörkt och läskigt, till exempel en fladdermus (Batman), spindel (Spider-Man) eller järv (Wolverine). Kvinnor bör helst associeras med något som är sött och/eller sexigt.

Låt dig inspireras av kattungen Kitty från X-Men, Mystique (också från X-Men) som antagligen är nudist, Wonder Woman som aldrig täcker mer än 50 procent av sin kropp och Stripperella som inte ens behöver en förklaring (ja, hen finns på riktigt).

Avslutningsvis, undvik att para ihop män med *kvinnor* i ett förhållande mellan deras figurer. Män bör paras ihop med *flickor*; som Batman och Batgirl, Aquaman och Aquagirl, Spider-Man och Spider-Girl o.s.v.

Steg tre - Producera serien Two and a Half Men

(de tidiga säsongerna)

Serien handlar om tre heterosexuella vita män; Charlie, Alan och Jake. Charlie är en ungkarl som försörjer sig själv genom att ibland spela lite på ett piano. Anledningen till att han inte oftare spelar på sitt piano, är att han är så upptagen med att ha sex med olika kvinnor (för att sedan inte kontakta dem igen).

Charlie lider antagligen av en social störning, då han är fullkomligt oförmögen att varken bete sig normalt eller respektfullt mot kvinnor. Kvinnor är bara förbrukningsartiklar för Charlie. Likt hur en hund urinerar runt sitt revir, använder Charlie kvinnor som lyktstolpar, brandposter och soptunnor i sin strävan efter att ha sex med så många som möjligt.

Alans roll i serien är vara den fula av de två bröderna. Karaktären Alans deltagande i serien rättfärdigas ytterligare av hans faderskap över Jake. Detta ger seriens skapare en rimlig anledning till att låta Jake bo i den allvarligt dysfunktionella miljön som Charlie tillhandahåller sin bror och sin brorson.

De centrala kvinnorna i serien är Berta, Evelyn, Rose och Judith. Berta är en bitter, oattraktiv och överviktig kvinna som jobbar som hembiträde hos de tre männen. Eftersom Berta inte är vacker, kan hon i frid tillbringa mycket tid i männens hem; eftersom hon inte lämpar sig som sexpartner för någon av dem.

Evelyn är Charlie och Alans mamma. Eftersom seriens skapare inte väljer att behandla ämnet incest, tillåts denna kvinna ha plats i serien som en sexuellt icke-kompatibel karaktär. Även Evelyn porträtteras således som sur och grinig.

Kvinnohatarna Chuck Lorre och Lee Aronsohn [sic] som har skapat *Two and a Half Men,* låter bara männen vara trevliga karaktärer som tittaren kan sympatisera med, kvinnorna får helt enkelt nöja sig med att vara otrevliga och/eller en aning galna.

Den tredje centrala kvinnan i serien är Rose. Hon är Charlies stalker, och vad som är mest intressant är att Rose faktiskt är vacker. Självklart balanseras detta med att hon är väldigt klumpig och excentrisk/galen; vilket gör så att även hon inte kan ses som en normal individ.

Sist men inte minst är karaktären Judith, som är Alans ex-fru. Judiths personlighet kan ses som en förlängning av principen som gäller Rose; hon är vacker, men har flera motvikter till sin skönhet. Judith porträtteras som självupptagen, hyppokritisk och ibland rentutav elak. Hon ses bland annat leva luxuöst med pengarna som Alan henne betalar i underhållsbidrag, och skaffar bland annat bröstimplantat med dessa pengar.

Att en kvinna har en central roll i serien *Two and Half Men* innebär att något är fel på henne som gör att ingen av männen vill ha henne. De kvinnor som inte har centrala roller är oftast vackra och mer normala än de andra kvinnorna. De används av männen som flickvänner och engångsligg, men varar sällan länge i serien.

Ett utmärkt sätt att objektifiera kvinnor och hylla män är således att skapa en serie som *Two and a Half Men*. Kom bara ihåg huvudkonceptet, kvinnor är onda och måste skuldbeläggas, medan män är goda och älskbara.

"Gender is a kind of imitation for which there is no original; in fact, it is a kind of imitation that produces the very notion of the original as an effect and consequence of the imitation itself."

Judith Butler
Imitation and Gender Insubordination, 1991

Sektion 4
Avslut

Köns-, romantik- och sexualitetsspektrum

Fastän "queer" mycket effektivt kan ersätta alla begrepp som används för kategorisering i detta avsnitt, är det inte riktigt så samhällets egentliga uppbyggnad ser ut. Dessa begrepp kan vara användbara både inom denna boks intresseområden, och i vardagen. Därför har jag sammanställt människans kön, könsidentitet, könskombination, sexuella- och romantiska läggning; som ett spektrum där de olika begreppen enkelt kan överblickas och särskiljas.

Märk väl att vissa av dessa begrepp inte är etablerade sedan tidigare. Jag var tvungen att skapa en del ny terminologi för att kunna strukturera denna uppdelning som ett spektrum. Necessiteten i att använda ett spektrum istället för de klassiska, obsoleta metoderna (exempelvis binära uppdelningar) är stor, då människan omöjligen kan kategoriseras rättvist på ett så snävt sätt som andra metoder innebär.

En annan metod för uppdelning som denna, kanske den allra vanligaste, är med hjälp av skalor. Efter att ha granskat ett antal sådana skalor, kan jag dra slutsatsen att majoriteten av dessa utgår ifrån att kvinna-man och homosexualitet-heterosexualitet alltid är varandras motsatser, på varsin sida av skalan.

Detta är inte nödvändigtvis hur jag ser på läggning och kön, och inte heller vad jag anser är det bästa och mest logiska tillvägagångssättet för att strukturera en sådan uppdelning. Fastän människan i stort sett alltid föredrar ordning framför kaos, anser jag att människans kön, identitet, läggning o.s.v. varken bör eller kan organiseras alltför exakt och bestämt.

Tanken bakom att presentera detta spektrum med hjälp av tabeller, är att det till en viss del motverkar polarisering (gäller dock inte för biologiskt, socialt- och juridiskt kön). Delarna av spektrumet som behandlar kontrabinära könsidentiteter och läggningar innehåller inga poler alls, utan de är enbart organiserade utifrån antalet kön och läggningar; för enkelhetens skull.

Möjligtvis kan det uppfattas som att binära/kontrabinära könsidentiteter och linjära/icke-linjära könskombinationer polariseras, men jag vill påstå att det inte är fallet eftersom denna polarisering grundar sig på olika genusteorier, inte verkligheten. Även i dessa tabeller är uppdelningen främst för enkelhetens skull.

KÖN			
Biologiskt	**Könsidentitet (mentalt)**	**Socialt (genus)**	**Juridiskt**
Kvinna	Binär (kvinna/man)	Kvinna	Kvinna
Man	Kontrabinär	Man	Man
Intersexuell			

KÖN KAN DELAS UPP i fyra beståndsdelar: biologiskt kön, könsidentitet (även kallat *mentalt kön*), socialt kön (även kallat *genus*) och juridiskt kön. Biologiskt kön är den fysiska könstillhörigheten som en människa har. Detta är antingen kvinna, man eller intersexuell (både kvinna och man).

Könsidentitet är det kön (eller icke-kön) som en individ själv upplever sig tillhöra. Det kan vara en binär könsidentitet, vilket innebär att det upplevda könet passar in i ett binärt könssystem; antingen kvinna eller man. Någon som inte upplever sig ha ett binärt kön, har istället en kontrabinär könsidentitet. Innebörden av en kontrabinär könsidentitet förklaras på följande sida.

Socialt kön är den tredje indelningen. Det benämns ofta som genus i vetenskapliga och feministiska sammanhang. En individs sociala kön är det kön som hen tillskrivs utav samhället, vilket i västvärlden enbart omfattar kvinna och man. Det sociala könet bestämmer även vilken könsroll som personen i fråga av sin omgivning kommer att förväntas vara konform med.

Juridiskt kön avser det kön som en individ tillhör enligt staten. Likt könsidentiteten är det främst kvinna eller man som är tillämpliga juridiska kön i västvärlden. I vissa länder erbjuds faktiskt andra benämningar för juridiskt kön på identitetshandlingar, men dessa är ännu ytterst få.

Kontrabinära könsidentiteter			
Unigenderistisk a	**Multigenderistiska**	**Flexigenderistiska**	**Agenderistiska**
Tredje/annat kön	Intersexuell/androgyn	Gender fluid	Agender/neuter/ nongender
Neuter	Pangender	Bigender	Queer
	Polygender	Trigender	

Unigenderistiska könsidenteter är de som omfattar ett kön. Annat och tredje kön (kan även vara fjärde, femte o.s.v.) avser en könsidentitet som är bestämd och icke-varierande, men fortfarande annan än kvinna eller man.

Neuter (även kallat *neutrois*) som en unigenderistisk könsidentitet skiljer sig från ett tredje eller annat kön. Skillnaden är att de två senare har en (teoretisk) möjlighet att beskrivas/definieras, att forma könsroller och kan visas genom könsuttryck. Könsidentiteten neuter har däremot inga specifika drag överhuvudtaget. Neuter är ett kön, men inga utmärkande kännetecken eller egenskaper är fästa vid könsidentiteten, och alltså inte heller vid de individer som uppfattar sig själva vara av detta kön.

Multigenderistiska könsidentiteter avser de identiteter som personer med flera självupplevda kön anser sig tillhöra. Någon som har en intersexuell könsidentitet upplever sig vara kvinna och man, och även någon som har en androgyn könsidentitet upplever sig vara kvinna och man, eller någon annan uppsättning av två kön.

En person som är pangender anser sig tillhöra alla kön. Hur många och vilka kön som avses specificeras inte av begreppet, och är dessutom oväsentligt. Pan- och polygender blandas ofta ihop eftersom båda könsidentiteterna är multigenderistiska och vanligtvis omfattande mer än två kön. Skillnaden är att en individ som är polygender ser sig själv tillhöra många kön – vilket inte nödvändigtvis är alla kön, som pangender avser. Precis som pangender avser inte polygender ett specifikt antal eller uppsättning av kön.

Flexigenderistiska könsidentiteter är de identiteter som innebär ett varierande antal kön. Någon som upplever sig själv ha en könsidentiteter som inte är fast, utan flytande mellan flera olika kallas ofta gender fluid. För en sådan person är det möjligt att exempelvis en dag vakna upp som kvinna, följt av att tillbringa en vecka som ett tredje kön, och i vissa situationer vara man, neuter eller ett fjärde kön.

En annan identitet kallas bigender, och någon som uppfattar sig själv på det sättet känner sig som både kvinna och man. Dock är de två könen inte lika sammansvetsade som hos en androgyn eller intersexuell person, utan har ofta möjligheten visa sig själva separat. Till exempel med tiden, eller i vissa situationer så kan en bigender-persons kön ändras från att vara både kvinna och man, till bara kvinna eller bara man.

Individer som upplever sig själva ha könsidentiteten trigender anser att deras identitet varierar mellan tre olika kön. Till skillnad från gender fluid som kan skifta mellan alla kön i alla kombinationer, innebär trigender att personen i fråga inte överskrider tre kön. De tre könen kan vara vilka som helst och de kan både kombineras och visa sig separat – detta förändras likt andra flexigenderistiska könsidentiteter med bland annat tid och situation.

Agenderistiska könsidentiteter kallas de identiteter som inte omfattar något kön alls. Det finns ett flertal begrepp som personer med agenderistiska könsidentiteter använder, bland annat agender, neuter, neutrois, okönad, nongender, utan benämning, könlös och genderless. Neuter och neutrois är unigenderistiska såsom agenderistiska könsidentiteter, eftersom användarna av just dessa begrepp varierar från att uppleva sig själv ha ett neutralt kön, till att inte ha ett kön alls.

Även queer ingår i denna kategori. Fastän queer ofta främst används som ett politiskt ställningstagande, så är det en könsidentitet – dessutom en agenderistisk sådan. En individ som uppfattar sig själv vara queer tar aktivt avstånd från all kategorisering utifrån kön, läggning, preferenser o.s.v. och förespråkar att en människas personlighet är hens viktigaste del.

Könskombinationer		
Linjära	**Icke-linjära**	**Kontralinjära**
Cissexuell	Transsexuell	Queer

Könskombination är en annan faktor att inkludera om en önskar "utreda" kön och könsidentitet. En persons könskombination avgör om en person är cissexuell, transsexuell eller queer. Queer som könskombination är dock ett frivilligt val och står lite på sidan om cis- och transsexualism. Könskombinationen styrs av huruvida könsidentiteten stämmer överens med det biologiska könet.

Möjliga könskombinationer är linjära, icke-linjära och kontra-linjära. En individ vars könskombination är linjär, kan till exempel vara någon med ett biologiskt kvinnligt kön, och som även upplever sin könsidentitet vara kvinnlig. En icke-linjär könskombination kan således innehas av en person med biologiskt manligt kön, men som upplever sin könsidentitet vara en annan än manlig.

Det är vanligt att personer med icke-linjära könskombinationer kallar sig transsexuella, men det stämmer inte för alla. Om en person ska kallas transsexuell eller inte bör vara ett val som personen själv gör. Det är exempelvis möjligt att någon som (utifrån själva begreppets betydelse) är transsexuell , men väljer att kallas sig själv queer; d.v.s. en kontralinjär könskombination.

Ett problem med att avgöra cis- eller transsexualism med den här sortens könskombination är att den inte kan appliceras på personer som är biologiskt intersexuella. I dessa fall får en även inkludera det sociala könet (om det är lämpligt). Vissa intersexuella kan framstå som mer kvinnliga eller manliga, och om de följaktligen tillskrivs ett socialt kön får det låtas ersätta det biologiska könet i könskombinationen.

LÄGGNINGAR (INOM SEXUALITET)			
Unisexuella	**Multisexuella**	**Asexuella**	**Kontrasexuella**
Heterosexuell	Bisexuell	Asexuell	Queer
Homosexuell	Pansexuell	Demisexuell	
	Polysexuell	Grå asexuell	

LÄGGNINGAR (INOM ROMANTIK)			
Uniromantiska	**Multiromantiska**	**Aromantiska**	**Kontraromantiska**
Heteroromantisk	Biromantisk	Aromantisk	Queer
Homoromantisk	Panromantisk	Demiromantisk	
	Polyromantisk	Gråromantisk	

ISTÄLLET FÖR ATT ANVÄNDA begreppet *sexuella läggningar* för att sammanfattat beskriva de sorter av attraktion hos människor (som inte är preferenser eller fetischer), så delas begreppet här upp i läggningar som rör områdena sexualitet och romantik.

Om dessa skulle ha kallats sexuella- och romantiska läggningar så skulle det innebära att asexuella- och aromantiska läggningar utesluts från begreppet. Därför väljer jag att använda läggning som den allomfattande termen och låter läggningar rörande sexualitet respektive romantik enbart vara subkategorier som gör det enklare att kunna överblicka de olika läggningarna.

Det problematiska med att samla alla läggningar ovan i begreppet sexuell läggning, är att själva ordet i sig antyder att en människas läggning uteslutande är av sexuell natur.

Något som jag misstänker att många människor inte förstår är att till exempel asexuella individer inte är aromantiska per automatik. Det är fullkomligt möjligt för en person att vara asexuell, och alltså inte känna sexuell attraktion till någon, och samtidigt ha till exempel en biromantisk läggning. Denna person skulle i sådana fall ha förmågan att känna romantisk attraktion till kvinnor och män, men inte att kunna känna sexuell attraktion till någon.

Genom att betrakta läggningar ur detta bredare synsätt så ifrågasätts även normen att kärlek och sex måste gå hand i hand. Personligen så ställer jag mig utan tvekan emot den föreställningen. När det gäller just förhållanden så vill jag påstå att romantisk attraktion är den viktigaste faktorn, inte sexuell.

Ordlista och terminologi

Agender = person som anser sig sakna könsidentitet

Agenderistiska könsidentiteter = samling av könsidentiteter som saknar kön

Ambifili = sexuell attraktion till transpersoner, intersexuella, transpersonlighet och intersexualism

Androfili = sexuell attraktion till män och maskulinitet

Androgyn = person med kvinnliga och manliga drag

Androgyn (könsidentitet) = person som anser sig vara kvinna och man

Annat kön (könsidentitet) = person som anser sig vara av ett annat kön än kvinna eller man

Antifeminism = ogillande av feminism, vanligtvis av kvinnofientliga skäl eller på grund av oförmåga att förstå feminismens sanna innebörd

Aromantisk = person som inte känner romantisk attraktion till någon

Aromantiska läggningar = samling av läggningar som omfattar svag eller ingen romantisk attraktion

Asexuell = person som inte känner sexuell attraktion till någon

Asexuella läggningar = samling av läggningar som omfattar svag eller ingen sexuell attraktion

Asexuella läggningar = samling av läggningar som omfattar svag eller ingen sexuell attraktion

Autoambifili = sexuell attraktion till föreställningen av sig själv som transperson, intersexuell, transpersonligare eller mer intersexuell

Autoandrofili = sexuell attraktion till föreställningen av sig själv som man eller manligare

Autogynefili = sexuell attraktion till föreställningen av sig själv som kvinna eller kvinnligare

Bigami = äktenskap mellan en person och två andra

Bigender = person som anser sig vara kvinna och man, antingen samtidigt eller vid vissa tillfällen eller tidpunkter

Binära könsidentiteter = könsidentiteter som passar in i det binära könssystemet, d.v.s. kvinna och man

Binära könssystemet = (även *tvåkönssystemet*) samhällsstruktur som delar in människor i könen kvinnor och män

Biromantisk = person som känner romantisk attraktion till kvinnor och män (ej nödvändigtvis lika stark attraktion till båda könen)

Biologiskt kön = (även *hormonellt kön*) det kön som en föds till

Bisexuell = person som känner sexuell attraktion till kvinnor och män (ej nödvändigtvis lika stark attraktion till båda könen)

Butch = homosexuell kvinna med en stereotypt manlig personlighet

Bög = homosexuell man, används ofta som skällsord i homosociala kretsar

Cisgenderistiska könsidentiteter = samling av könsidentiteter som omfattar cispersoner

Cisperson = (även *cissexuell*) person vars biologiska kön överensstämmer med det mentala

Cisvestit = person som känner ett behov av att klä sig enligt sitt sociala kön

Crossdresser = person som klär sig enligt motsatt socialt kön, oavsett anledning eller tillfälle

Demiromantisk = person som kan känna romantisk attraktion till andra om starka känslor tillåts att utvecklas på förhand

Demisexuell = person som kan känna sexuell attraktion till andra, om starka känslor tillåts att utvecklas på förhand

Drag king = person med kvinnligt socialt kön som klär ut sig till man (ofta på ett överdrivet sätt) i underhållningssyfte

Drag queen = person med manligt socialt kön som klär ut sig till kvinna (ofta på ett överdrivet sätt) i underhållningssyfte

Efebofili = sexuell attraktion till postpubertala ungdomar

Kontrabinära könsidentiteter = (även *icke-binära*) samling av könsidentiteter som inte passar in i det binära könssystemet

Kontralinjära könskombinationer = (även *icke-linjära och icke-linjärt kön*) samling av könskombinationer bortom det binära könssystemet

Kontraromantiska läggningar = samling av (romantiska) läggningar bortom det binära könssystemet

Kontrasexuella läggningar = samling av (sexuella) läggningar bortom det binära könssystemet

KSK = kvinna/kvinnor som har sex med kvinnor

Fag = (även *faggot*), nedsättande term för en homosexuell man

Fag hag = (vanligtvis) heterosexuell kvinna som väljer att ha manliga homosexuella vänner, främst på grund av deras läggning istället för personlighet

Faux queen = person med socialt kvinnligt kön som klär ut sig till kvinna på det överdrivna sättet som en drag queen ofta gör

Feminism = samling av politiska rörelser som verkar för kvinnors lika rättigheter

Feminist = person som anser kvinnor och män vara lika mycket värda och verkar för kvinnors lika rättigheter

Femme = homosexuell kvinna med en stereotypt kvinnlig personlighet

Flexigenderistiska könsidentiteter = (även *flytande könsidentiteter*) samling av könsidentiteter som omfattar ett varierande antal kön inom identiteten

FtM = "Female to Male", transsexuell man som är född i en biologiskt kvinnlig kropp

Gay = engelskt ord för homosexuell, i engelsktalande länder avses främst män

Gender = engelskt ord för könsidentitet (mentalt kön)

Gender bender = person som medvetet bryter mot heteronormen i syfte att provocera eller förvirra andra

Gender fluid = person som anser sin könsidentitet vara flytande och upplever sitt kön kunna variera, exempelvis från dag till dag eller i olika situationer

Genderfuck = person som medvetet bryter mot heteronormen i syfte att provocera eller förvirra andra

Genderism = föreställningen av att kön är binära och att alla människor antingen är kvinnor eller män

Genus = synonymt med socialt kön, används bla. inom beteendevetenskap i studier om hur könsroller formas

Gerontofili = sexuell attraktion till betydligt äldre personer

Grå asexuell = person som upplever sin läggning (inom sexualitet) befinna sig mellan sexuell och asexuell

Gråromantisk = person som upplever sin läggning (inom romantik) befinna sig mellan romantisk och aromantisk

Gynandromorfofili = sexuell attraktion till personer med manliga och kvinnliga egenskaper

Gynefili = sexuell attraktion till kvinnor och femininitet

Gynemimotofili = sexuell attraktion till män med kvinnligt beteende och/eller utseende, och MtF-transsexuella

Hatbrott = ett brott riktat mot en viss grupp av människor, exempelvis person med en viss etnicitet, läggning, kön, nationalitet, hudfärg eller religion

HBTQ = homosexuella, bisexuella, transpersoner och queer(a)

HBTQ-fobi = att motsätta sig och/eller ogilla HBTQ-kultur, HBTQ-personer och saker gällande HBTQ i allmänhet

Hebefili = sexuell attraktion till pubertala barn

Hermafrodit = både kvinna och man, nedsättande begrepp om det gäller människor (se *androgyn* och *intersexuell*)

Heterofobi = att motsätta sig och/eller ogilla heterosexuell kultur, heterosexuella personer och heterosexualitet i allmänhet

Heteronormativitet = fogande efter heteronormens värderingar

Heteronormen = samlingsbegrepp för normer om bl.a. heterosexuell-och heteroromantisk läggning, cisvestitism, binär könsidentitet, kärnfamiljen och konformitet till könsroller

Heteroromantisk = person som känner romantisk attraktion till personer av motsatt socialt kön

Heterosexuell = person som känner sexuell attraktion till personer av motsatt socialt kön
Homeovestit = person som känner behov av att klä sig enligt sitt sociala kön på ett extremt sätt, ofta fetischistiskt
Homofobi = att motsätta sig och/eller ogilla homosexuell kultur, homosexuella personer och homosexualitet i allmänhet
Homoromantisk = person som känner romantisk attraktion till personer av samma sociala kön
Homosexuell = person som känner sexuell attraktion till personer av samma sociala kön
Homosocialitet = sociologiska teorier om mäns socialisation, gruppbildning och förhållande till varandra där kvinnor och minoriteter ofta subordineras de (främst vita) männen
Icke-linjära könskombinationer = (även *icke linjärt kön*) se *transsexuell*
Intergenderist = person vars könsidentitet varken är kvinna eller man
Intersektionalitet = sociologiska teorier om förtryck utifrån kön, ras och klass
Intersexualism = person som har både kvinnlig och manlig anatomi
Intersexuell (biologiskt kön) = se *intersexualism*
Intersexuell (könsidentitet) = person som anser sig vara kvinna och man
Juridiskt kön = (även *lagligt kön*) det kön staten anser en tillhöra, kan i vissa länder vara annat än kvinna eller man
Jämlikhet = begrepp som avser jämlikhet mellan olika grupper, exempelvis personer av olika etniciteter eller klass (jfr. *jämställdhet*)
Jämställdhet = begrepp som avser jämlikhet mellan kvinnor och män (jfr. *jämlikhet*)
Jämställdist = (vanligtvis) person med feministiska värderingar som inte vill kalla sig feminist (se även *maskulinist*)
KSK = kvinna/kvinnor som har sex med kvinnor (oavsett läggning)
Kön = samlingsbegrepp för biologiskt, mentalt, socialt och juridiskt kön
Könsidentitet = (även *mentalt kön*) det kön som en person själv anser sig tillhöra
Könskombination = kombination av socialt och biologiskt kön som avgör om en person är cissexuell eller transsexuell

Könsmaktsordning = begrepp inom feministiska teorier som utgår ifrån att män är överordnade kvinnor

Könsroll = föreställningar om vad som är kvinnligt och manligt

Könsuttryck = hur en person uttrycker sin könsidentitet, exempelvis genom klädsel, språk och beteende i allmänhet

Könsöverskridande identitet = könsidentitet som varken är kvinnligt eller manligt

Könsöverskridande uttryck = uttryck av en könsidentitet som varken är kvinnlig eller manlig

Lesbisk = homosexuell kvinna

Linjära könskombinationer = (även *linjärt kön*) se *cisperson*

Läggningar (inom romantik) = på vilket sätt (som inte är en preferens eller fetisch) en människa känner romantisk attraktion

Läggningar (inom sexualitet) = på vilket sätt (som inte är en preferens eller fetisch) en människa känner sexuell attraktion

Maktstruktur (patriarkal) = hur det patriarkala samhället är utformat och på vilket sätt det patriarkala förtrycker manifesterar sig självt

Maskulinist = person som förnekar subordination av kvinnor och anser att mäns rättigheter ska höjas till kvinnors nivå, inte tvärt om (se även *jämställdist*)

Matriarkat = en samhällsordning som domineras av kvinnor där män är subordinerade

Mentalt kön = (även könsidentitet) det kön som en person själv anser sig tillhöra

Metrosexuell = en heterosexuell man som tillskriver sig själv en homofeminin könsroll

MSM = man/män som har sex med män (oavsett läggning)

MtF = “Male to Female”, transsexuell kvinna som är född i en biologiskt manlig kropp

Monogami = äktenskap eller förhållande mellan två personer

Multigenderistiska könsidentiteter = könsidentiteter i vilka en person anser sig tillhöra flera kön

Multiromantiska läggningar = läggningar (inom romantik) som avser attraktion riktad mot flera kön

Multisexuella läggningar = läggningar (inom sexualitet) som avser attraktion riktad mot flera kön

Nazifeminism = nedlåtande antifeministiskt begrepp som jämställer feminism med nazism

Neuter (agenderistisk könsidentitet) = (även *neutralt kön*) könsidentitet som innebär att personen den tillhör inte upplever sig tillhöra något kön

Neuter (unigenderistisk könsidentitet) = (även *neutralt kön*) könsidentitet som innebär att personen den tillhör upplever sig tillhöra ett kön som inte kan definieras

Nongender = (även *nogender*) könsidentitet som innebär att personen den tillhör inte upplever sig tillhöra något kön

Pangender = person som anser sig vara av alla kön (jfr. *polygender*)

Pansexuell = person som känner sexuell attraktion till alla kön (jfr. *polysexuell*)

Panromantisk = person som känner romantisk attraktion till alla kön (jfr. *polyromantisk*)

Patriark = (omtvistat begrepp) en man som inte tar avstånd från patriarkatet utan aktivt verkar för dess tillämpning

Patriarkat = en samhällsordning som domineras av män där kvinnor är subordinerade

Pedofili = sexuell attraktion till prepubertala barn

Polyamori = romantisk och/eller sexuell relation med flera personer

Polyandri = äktenskap mellan en kvinna och flera män

Polygami = äktenskap mellan flera parter

Polygender = person som anser sig vara av många kön (jfr. *pangender*)

Polygynandri = äktenskap mellan flera kvinnor och män

Polygyni = äktenskap mellan en man och flera kvinnor

Polyromantisk = person som känner romantisk attraktion till många kön (jfr. *panromantisk*)

Polysexuell = person som känner sexuell attraktion till många kön (jfr. *pansexuell*)

Queer = ett förhållningssätt som kritiserar kön och läggning som något annat än sociala konstruktioner, kan användas som en könsidentitet och läggning

Queerfeminism = feminism som strävar efter jämställdhet med ett queerteoretiskt tillvägagångssätt

Queerteori = teori om att kön och läggning är sociala konstruktioner

Radikalfeminism = från början en gren av feminism som ansåg att samhällets brist på jämställdhet berodde på patriarkatet, idag används det dock främst som nedlåtande mot feminister och antyder att de är så kallade manshatare

Romantisk läggning = se *läggningar (inom romantik)*

Sexuell läggning = se *läggningar (inom sexualitet)*

Subordination = att placera någon/några lägre ner i ett hierarkiskt system, exempelvis manlig subordination av kvinnor vilket innebär att kvinnor ses som lägre rankade än män

Socialt kön = (även *genus*) det kön som en person anses tillhöra av samhället

Teleiofili = sexuell attraktion till postpubertala personer

Transperson = person med en könsöverskridande identitet och/eller uttryck

Transsexuell = personer som upplever sitt biologiska kön vara icke-överensstämmande med könsidentiteten

Transvestit = person som känner ett behov av att klä sig i klädsel som traditionellt tillhör det motsatta könet

Tredje kön = en bestämd och icke-varierande könsidentitet som är annan än kvinna eller man

Trigender = könsidentitet som varierar mellan tre olika kön

Tvåkönssystemet = (även *det binära könssystemet*) en samhällsstruktur som utgår ifrån att alla människor antingen är kvinnor eller män

Uniromantiska läggningar = läggningar (inom romantik) som avser attraktion riktad mot ett kön

Unisexuella läggningar = läggningar (inom sexualitet) som avser attraktion riktad mot ett kön

www.ingramcontent.com/pod-product-compliance
Ingram Content Group UK Ltd.
Pitfield, Milton Keynes, MK11 3LW, UK
UKHW061706190726
13853UKWH00008B/2425

9 789163 729027